TAROCCHI AFRO

illustrati da
Simone Gallina

TAROCCHI AFRO

Copyright © 2063 Simone Gallina
Tutti i diritti riservati.

Codice ISBN: 9798673250112

TAROCCHI AFRO

CONTENUTI

	Introduzione	iii
0	Il Matto (bagatto)	N. pag. 9
1	Il Mago	N. pag. 11
2	La Papessa	N. pag. 13
3	L'Imperatrice	N. pag. 15
4	L'Imperatore	N. pag. 17
5	Il Papa	N. pag. 19
6	Gli Amanti	N. pag. 21
7	Il Carro	N. pag. 23
8	La Giustizia	N. pag 25
9	L'Eremita	N. pag 27
10	La Ruota della Fortuna	N. pag 29
11	La Forza	N. pag 31
12	La Sospesa	N. pag 33
13	La Morte	N. pag 35
14	La Temperanza	N. pag 37
15	Il Diavolo	N. pag 39
16	La Torre	N. pag 41
17	La Stella	N. pag 43
18	La Luna	N. pag 45
19	Il Sole	N. pag 47
20	Il Giudizio (angelo)	N. pag 49
21	Il Mondo (universo)	N. pag 51

TAROCCHI AFRO

INTRODUZIONE

Questo nuovo volume fa parte di una raccolta di tarocchi, originariamente pensato come libro da colorare. Il tema è quello dei 22 personaggi delle carte dei Tarocchi Arcani Maggiori.
Ogni figura è stata liberamente interpretata, con disegni che sono stati realizzati ricreando l'atmosfera delle storie illustrate da Franco Caprioli sulle tavole del Vittorioso, di cui ero vorace fruitore da giovane. Senza assolutamente voler competere col Maestro, ho pensato di cimentarmi nel ritrarre col suo stile, i personaggi dei tarocchi in modo che catturassero le variegate fisionomie del popolo africano.

Aggiungo quindi questa serie di tarocchi illustrati alla collezione delle mie precedenti, sperando possa incuriosire.
L'Autore

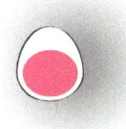

TAROCCHI AFRO

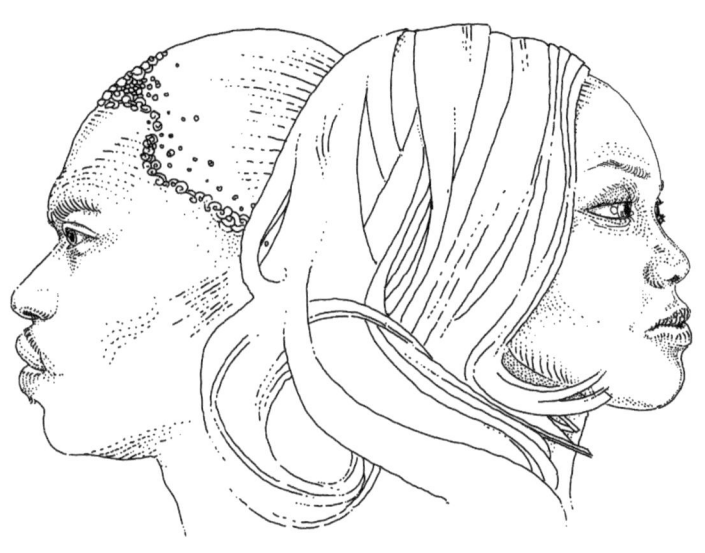

- 0 -

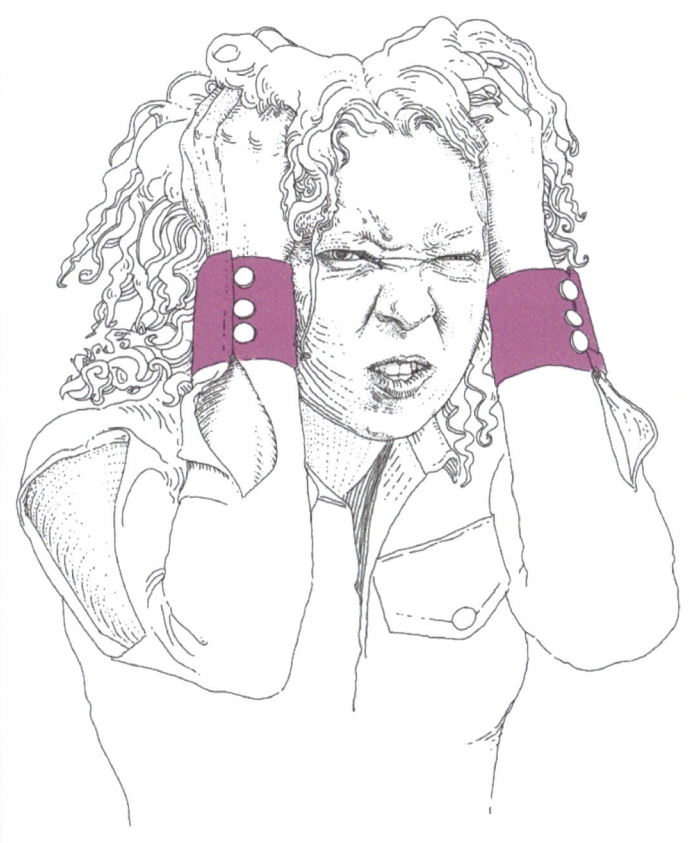

il MATTO

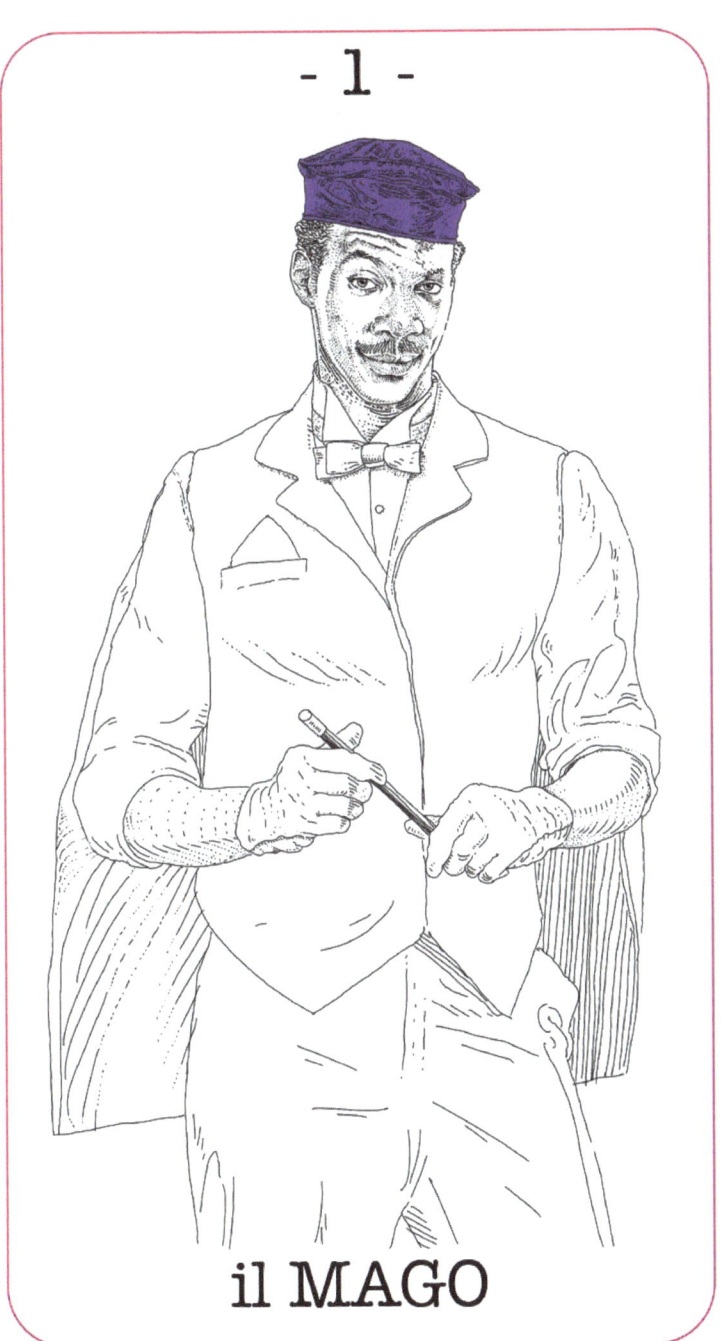

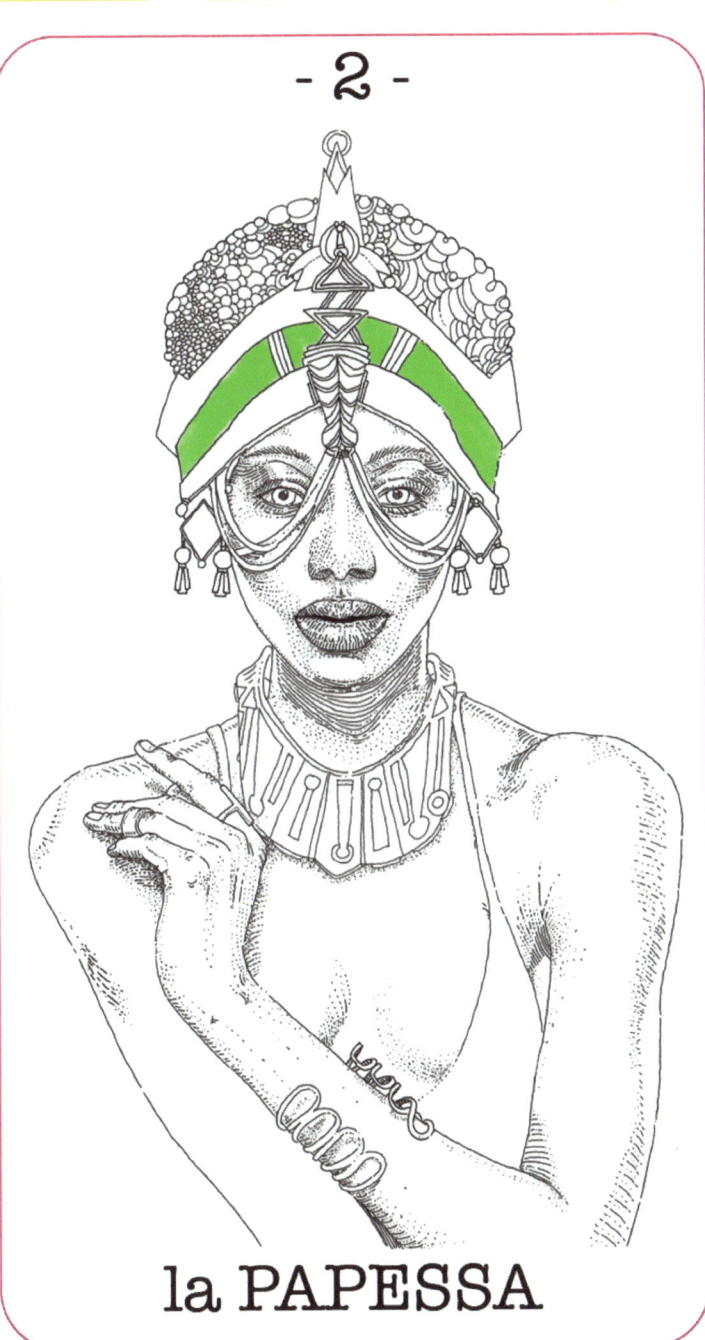

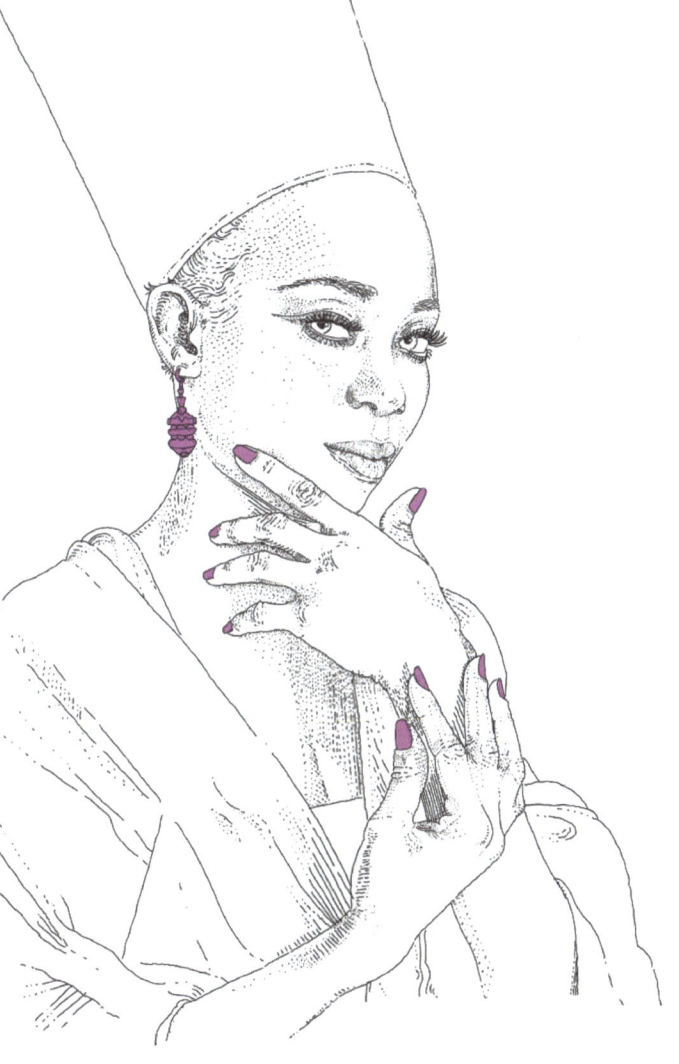

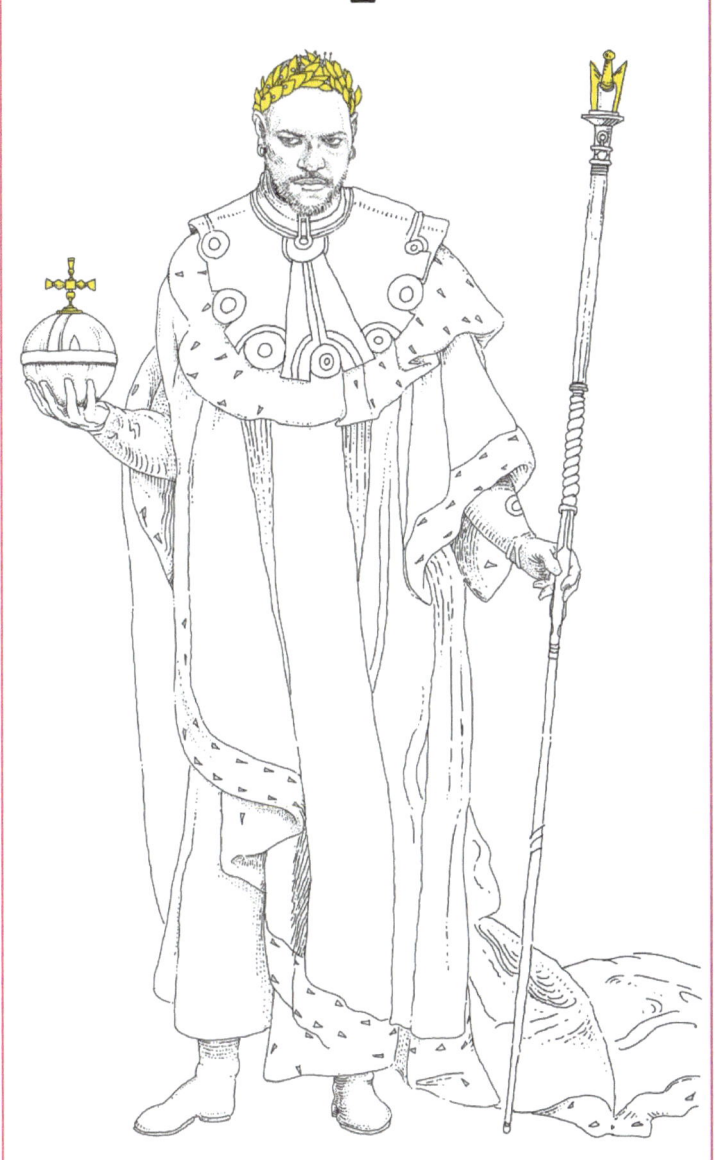

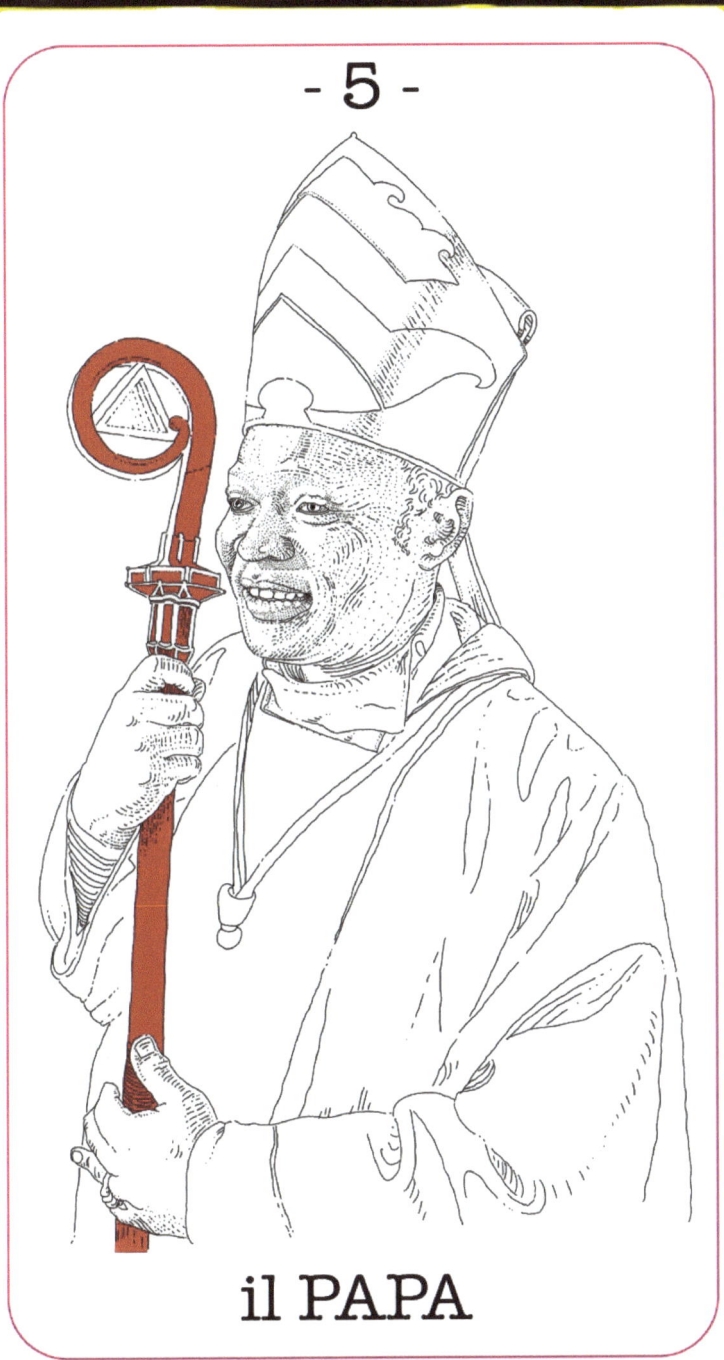

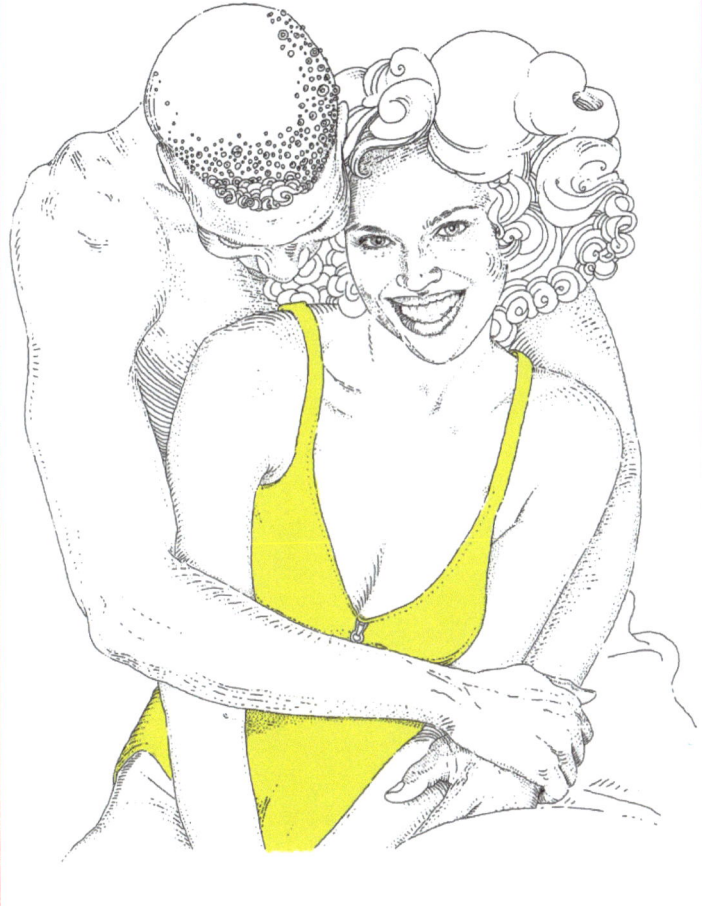

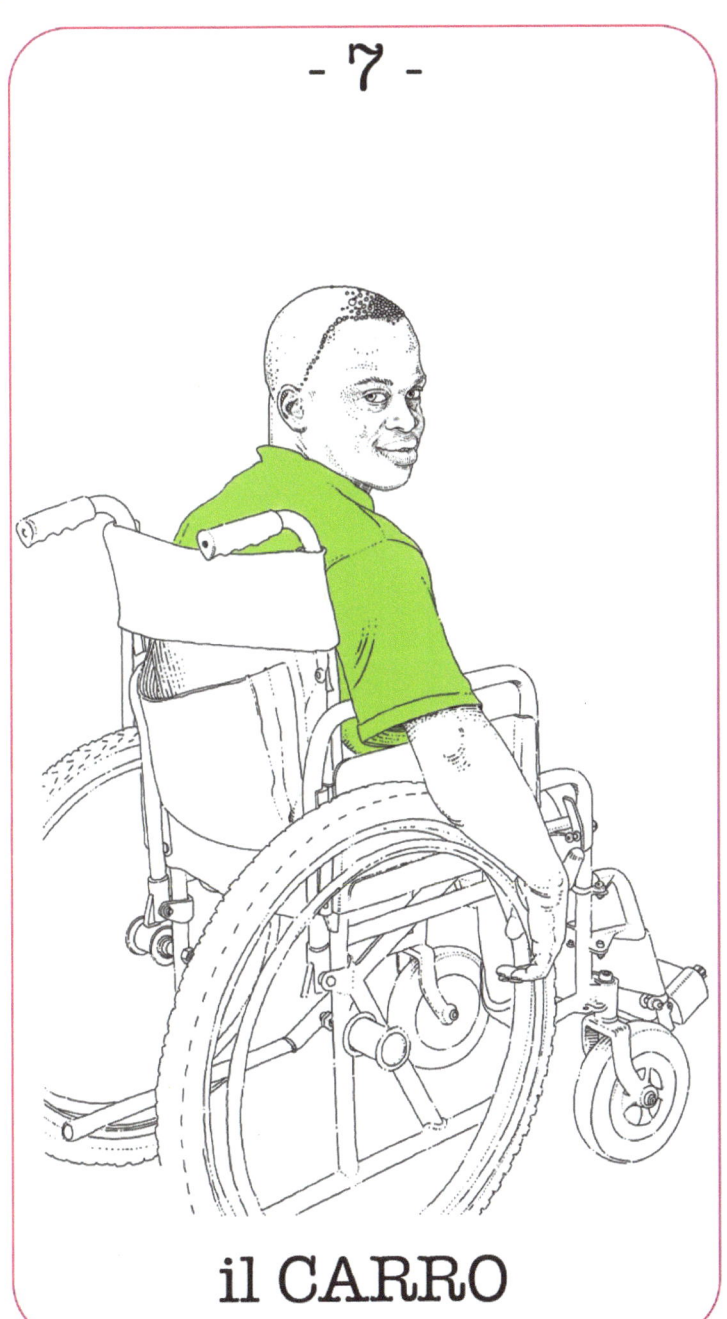

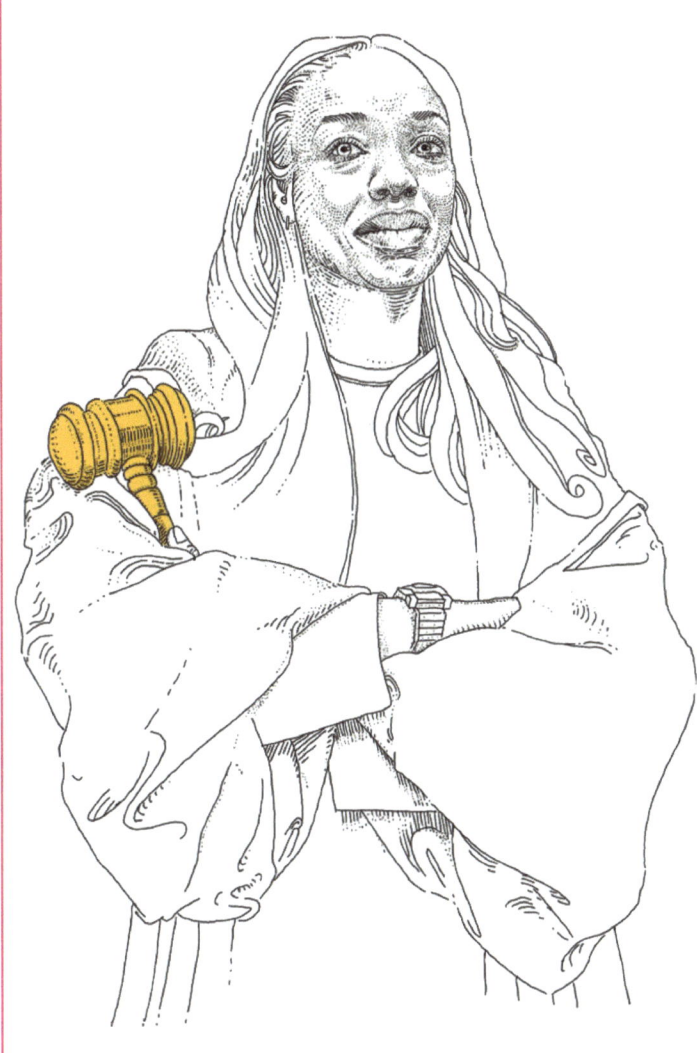

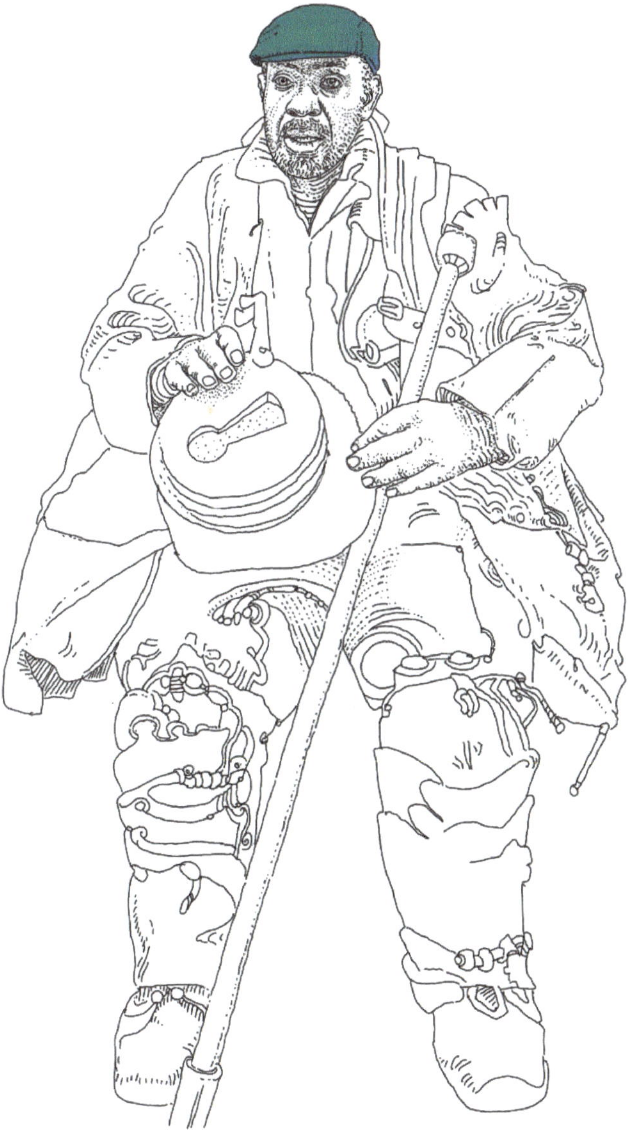

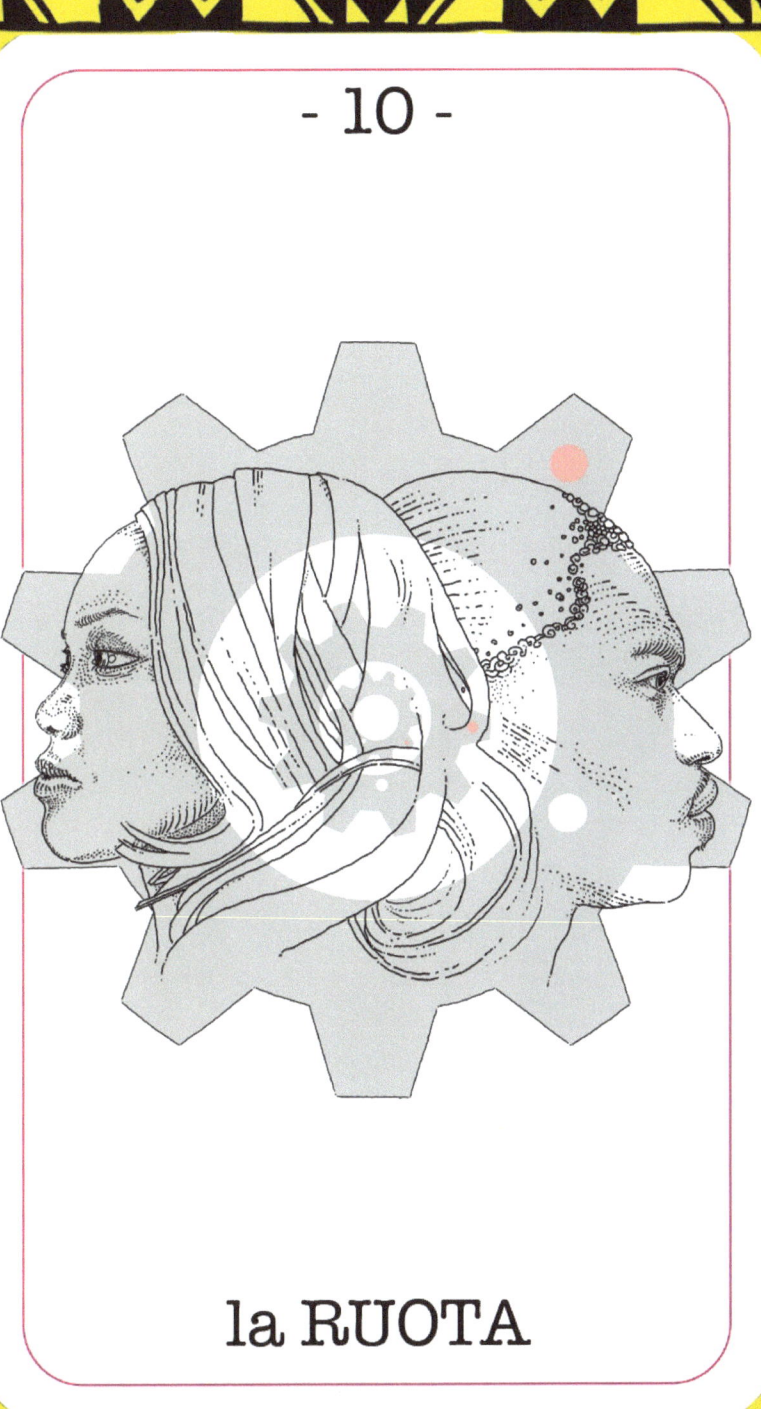

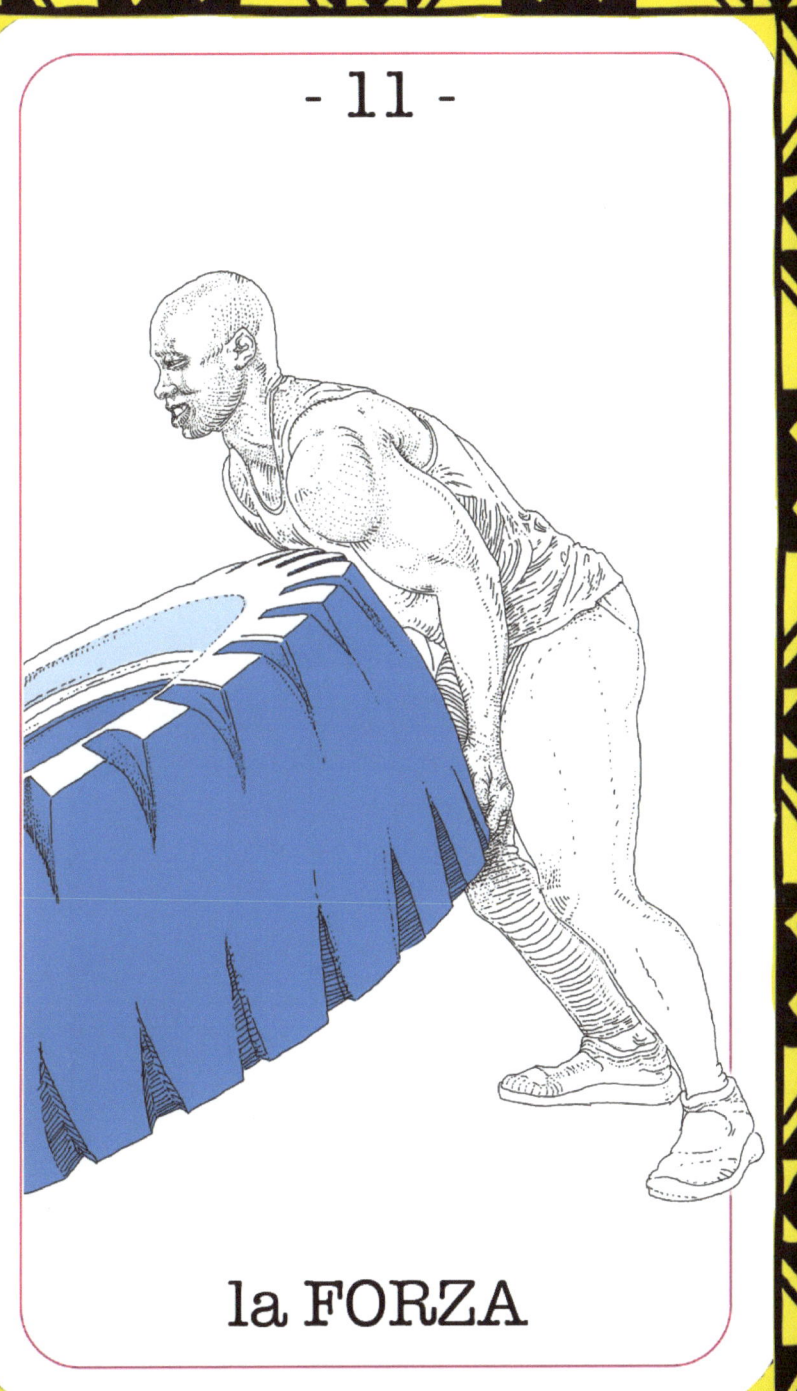

- 12 -

la SOSPESA

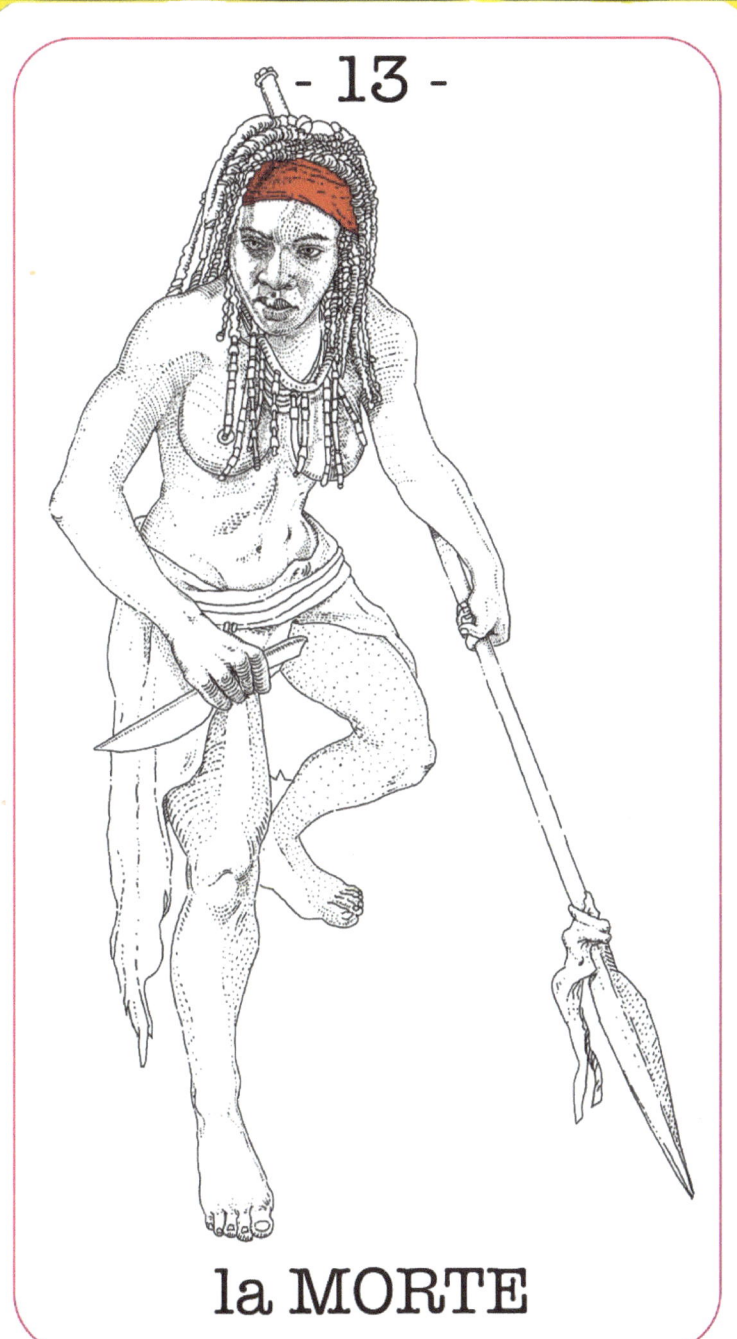

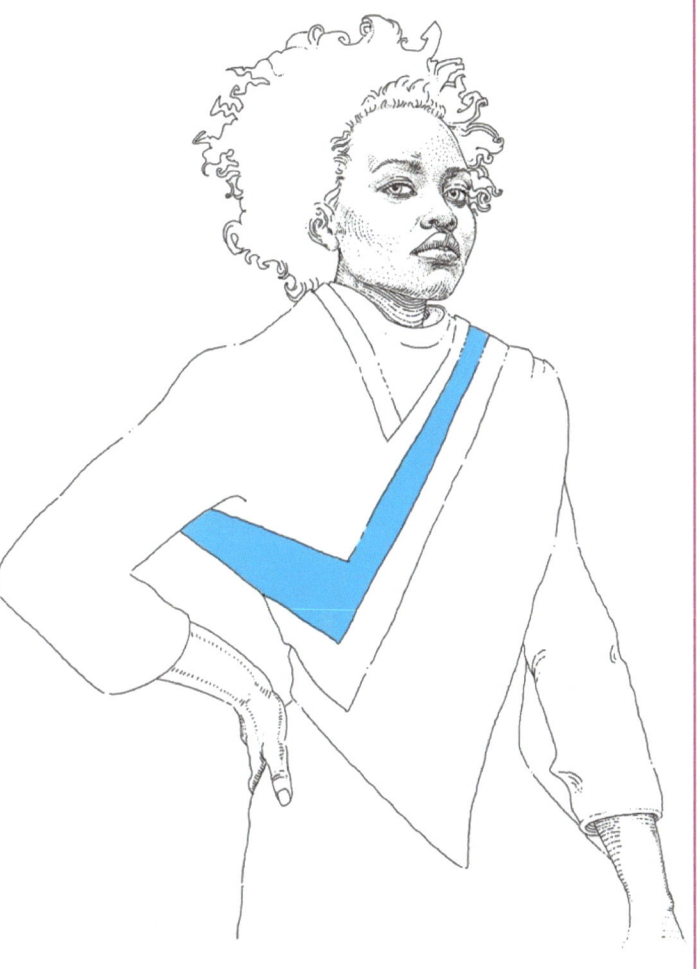

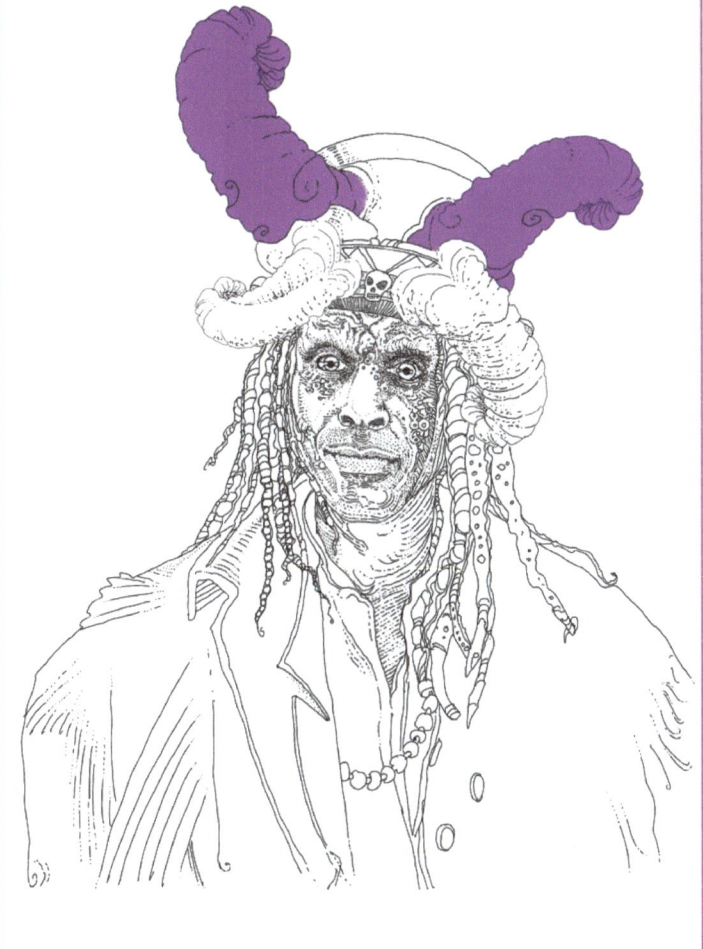

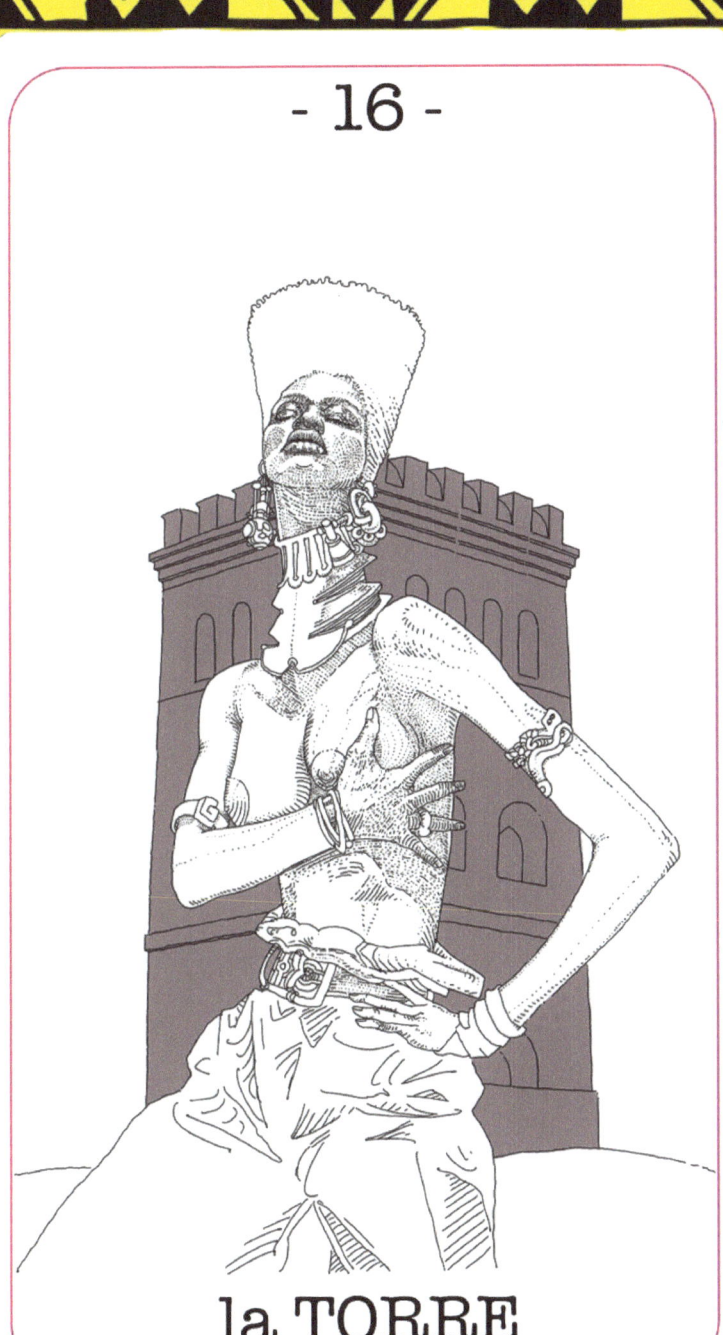

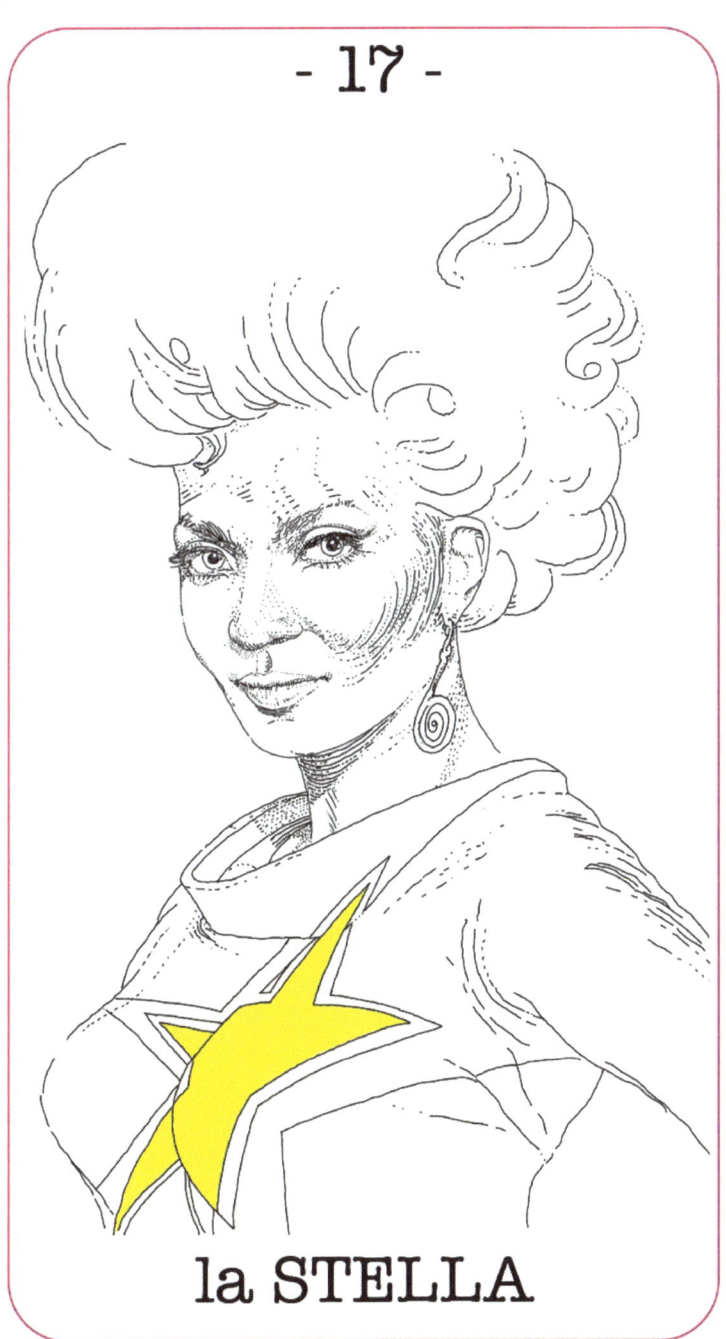

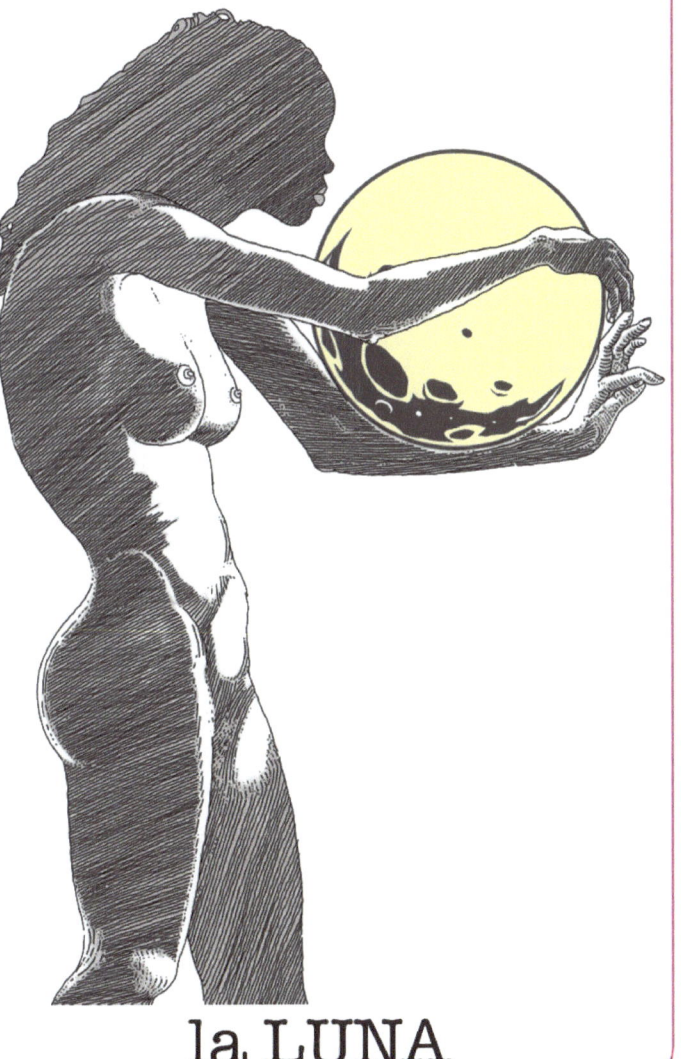

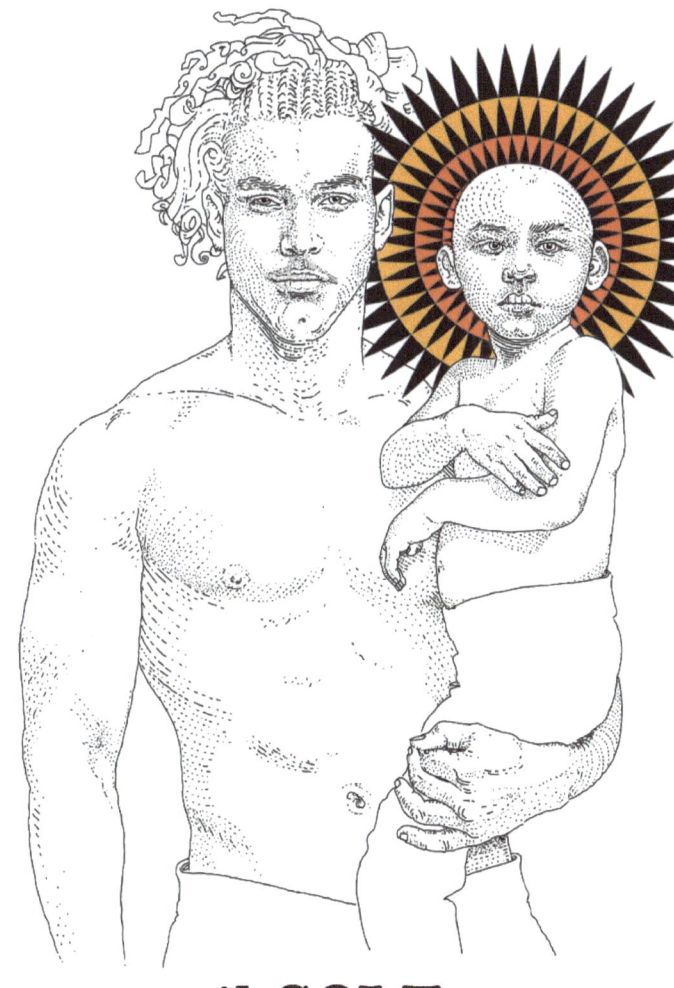

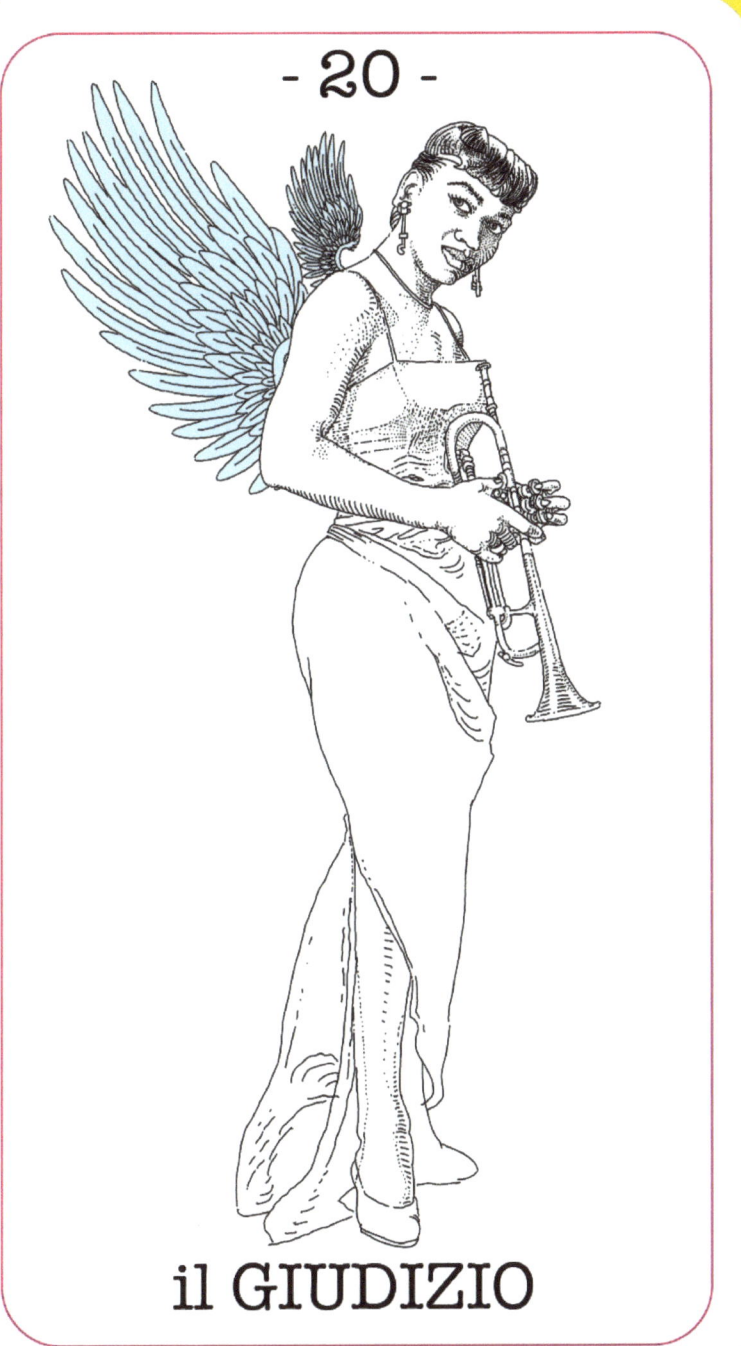

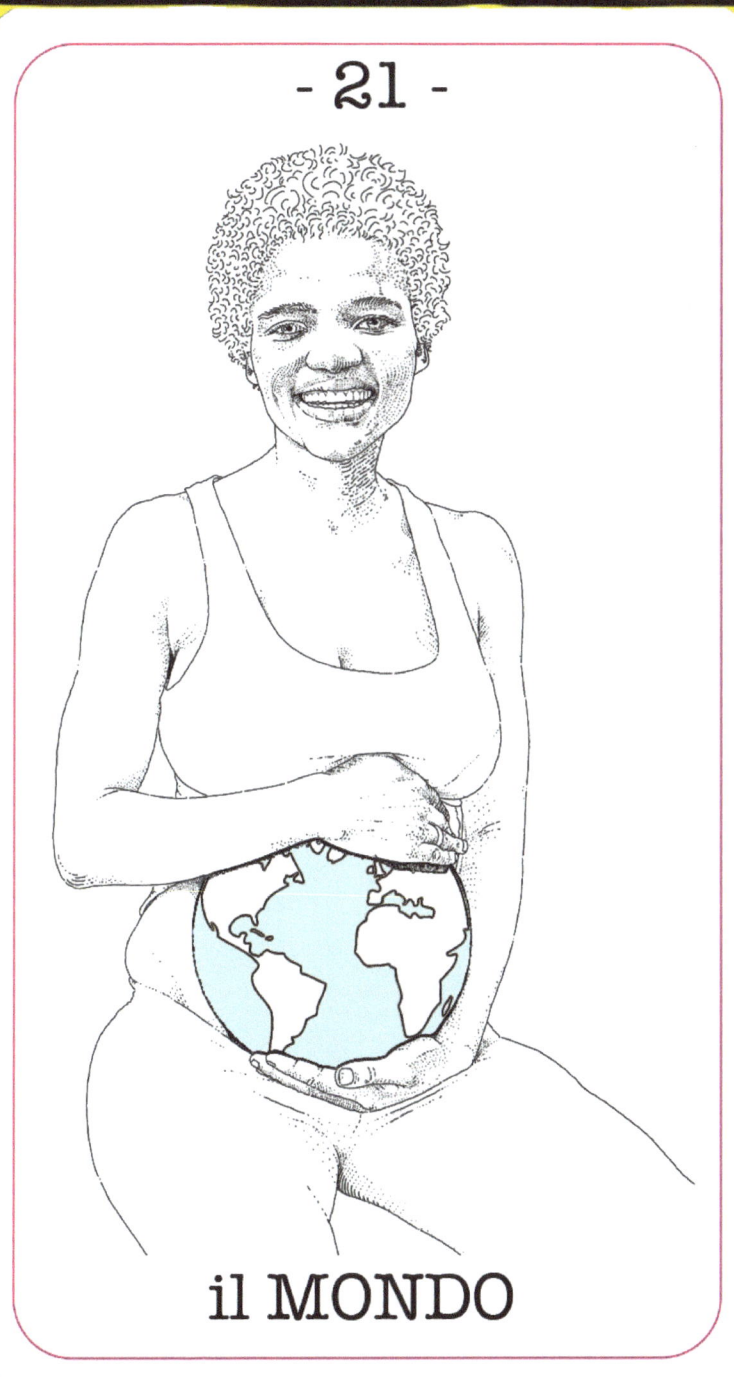

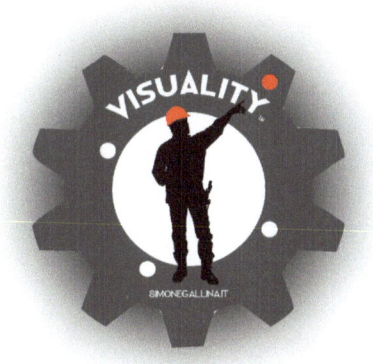

VISUALITY **books**
www.simonegallina.it
© 2063

www.ingramcontent.com/pod-product-compliance
Lightning Source LLC
Chambersburg PA
CBHW040327220526
45473CB00009B/2598